Jubelientje wordt wild

Hans Hagen
Jubelientje wordt wild

met tekeningen van Philip Hopman

Amsterdam Antwerpen
Em. Querido's Uitgeverij B.V.
2006

www.jubelientje.nl
www.queridokind.nl

De Nederlandse
Kinderjury
2007

'Dubbel lezen' verscheen in 2002 als *Jubelientje leest dubbel*,
een cadeauboekje bij Boektoppers van Malmberg.

Boekverzorging: Steef Liefting

ISBN 90 451 0289 7/NUR 281, 282

Inhoud

Wild

Jubelientje hangt op de leuning van de bank.
Languit.
'Ben je moe?' vraagt oma.
'Neuh...' zegt Jubelientje sloom.
'Ik...
ben...
wild!'
'O sorry, dat zag ik niet.
Je ligt er bij als een bananenschil.
Wild dat is...'
Oma haalt diep adem en brult:
'Ajiiiiiiiii!
Lúú-lóó-lii-léé-láàá...'
Ze zwaait met haar armen.
Rent rond de tafel.
'Woe-wau-wie-wei-wháááá-áá!
Broeba-bah-bha-bháááá...'
En ze springt heen en weer als een dansende beer.
Jubelientje gaapt.
'Jij doet gewoon mensenwild,' zegt ze.
'Ik ben zo wild als die leeuw in de dierentuin.
De mensen stonden voor zijn kooi.

Ze trokken gekke bekken.
Ze sprongen op en neer als apen.
Maar de leeuw deed net of hij niks zag.
Toen hij eten kreeg, kwam hij pas van die
boomstam af.'
Oma blijft hijgend stilstaan.
Haar gezicht is vuurrood.
Haar borst gaat op en neer.
'Pffoeh... pfoehh...'
Ze ploft op de bank.
'Ik...
deed...
geloof...
ik...
een beetje...
té wild!' hijgt ze.
'Even...
bijkomen...
sjonges...
pfff...'
Oma laat zich opzij zakken.
Haar hoofd landt op een kussen.
'Lig je lekker?' vraagt Jubelientje.
'Heerlijk,' zegt oma.
'Lekker leeuws, lekker wild.'

Ze doet haar ogen dicht.

Na een tijdje ademt ze weer rustig.

Jubelientje rekt zich uit.

Ze laat zich van de leuning glijden en kruipt tegen
oma aan.

'Wij zijn twee leeuwen,' zegt ze.

'En we liggen op wacht.'

'We zijn wilde leeuwinnen,' fluistert oma.

'En dit woeste beest heeft trek in een hapje.

Zie je die schaal met fruit?

Kom mee, we gaan op jacht...'

Schaar of schem

Jubelientje heeft een schaar in haar hand.
Op tafel liggen snippers karton en papier.
Knip, doet ze in de lucht.
Knip knip.
'Zie je ze vliegen?' vraagt oma.
'Nee, ik ben aan het luchtknippen.
Even horen wat voor geluid dat maakt.
Het klinkt heel anders dan knippen in papier.
Hoor maar.
Papier klinkt snel en scherp.
En lucht is veel lichter.'
Knip knip, knip knip...
'En hoe klinkt het als je karton knipt?' vraagt oma.
'Langzaam en laag,' zegt Jubelientje.
'En ribbelkarton klinkt donker, een beetje gemeen.
Alsof de schaar bijt en knauwt.'
Er zoemt een vlieg boven tafel.
Knip, doet Jubelientje in het wilde weg.
Knip knip knip...
'Pas maar op,' zegt oma.
'Straks knip je nog in je rug.
Jij bent vlug, maar die vlieg is vliegensvlug.'

Knip, doet Jubelientje weer in de lucht.
Knipperdeknip knip knip knip knip...
'Ik knip wel,' zegt ze, 'maar omdat ik nergens in
knip, knip ik eigenlijk niet.'
'Sjonges,' zegt oma, 'je wordt steeds groter.
Vroeger kon je zoiets niet bedenken.
Toen wist je nog niet eens wat een schaar was.
Je kon niet eens je eigen veters strikken.'
'En nóg vroeger,' zegt Jubelientje, 'nóg vroeger kon
ik ook geen knopen en geen rits.
En daarvoor ook geen klittenband.
Maar nu kan ik al schrijven en lezen en dammen!'

Jubelientje pakt het briefje waarop de stand staat.
Tot nu toe heeft ze alle potjes gewonnen.
Het is 7-0 voor haar.
'Kun je dat briefje niet aan stukken knippen?' vraagt
oma.
'Dan beginnen we gewoon opnieuw met 0-0.'
Jubelientje krabbelt op haar hoofd.
Er valt een haar op tafel.
Ze pakt hem op en knipt hem in stukjes.
Knip, knip knip...
'Oma, waarom heet een haar eigenlijk *haar*?
Meisjes hebben ze, maar jongens ook.
Waarom heet een haar geen *hem*?'
Oma strijkt over Jubelientjes hoofd.
'Dat is zo gegroeid,' zegt ze.
'Het is een soort afspraak, net als met namen.
Ik heet oma en jij heet Jubelientje.
Als iemand dag *koekenbakker* roept, of *dag kukert
en stekkert*, dan kijken wij niet om.
Snap je?'
Jubelientje legt de schaar op tafel.
Ze pakt een pen en schrijft:

haar ... hem
schaar ... schem

'Ik wil iets nieuws afspreken,' zegt ze.
'Overal waar *haar* staat, zeg ik *hem*.
Dan ga ik naar de kapper en dan vraag ik:
hoi, wil je mijn hem knippen?
Doe het maar met een scherpe schem.'
'Ik hoop dat hij het snapt,' zegt oma.
'Voor je het weet, knipt hij je kaal.'

haar = hem en hem = haar

paardenhaar = paardenhem

hem.

Ober, er zit een ~~haar~~ in mijn soep

hemd = haard

open haard = open hemd

er brandt een vuurtje in de...

Haarlem = Hemlem

Arnhem = Arnhaar

Vogels voeren

'Lust jij alles?' vraagt Dirk-Jan.
'Bijna alles,' zegt Jubelientje.
'Ik word alleen misselijk van bietjes en erwtjes en
hutspot en bruine bonen en worst en melk en kaas
met spikkeltjes en alle soorten vla behalve
chocoladevla en een hele slagroomtaart.'
'En gebakken aardappeltjes?'
'Lekker.'
'Dunne spaghetti?'
'Mmmm...'
'Dikke wurmen?'
'Bwuh!'
'Maar die merel...'
Dirk-Jan wijst uit het raam.
'...die merel vindt wurmen lekker.
Hij heeft er al drie gevangen.'
De merel hipt door het natte gras.
Pikt met zijn snavel en...
'Dat is zijn vierde,' zegt Dirk-Jan.
'Ik wou dat ik kon vliegen.'
'Dan slaap je in een boom,' zegt Jubelientje.
'Of bovenop het dak.

Moet je uitkijken voor Rover...

O o, daar heb je hem weer!'

De rode kater sluipt door de tuin.

Laag over de grond.

Recht op de merel af.

Jubelientje rent naar de keukendeur.

Gooit hem wagenwijd open.

'Ksst Rover!

Weg weg weggg!'

De kater schiet overeind.

Met een grote sprong verdwijnt hij over het hek.

'Net op tijd,' zegt Jubelientje, 'goed hè?'

'Jammer,' zegt Dirk-Jan.

'De vogels zijn ook gevlucht.'

Jubelientje gooit zonnebloempitjes in de koker.
En Dirk-Jan hangt hem op aan een tak in de boom.
'Lekker eten!' roept hij.
'Verboden voor Rovers!'
Al snel landt er een koolmeesje op het stokje.
'Die herken je aan zijn zwarte stropdas,' zegt oma.
'En dat zijn twee groenlingen.
Ze vinden het lekker allemaal.
De vogels lusten wel een extra pitje.
In het voorjaar zijn ze druk met nestjes bouwen.'
'En met eitjes leggen,' zegt Jubelientje.
'Ik schrijf alle namen op.'

merel
koolmees
groenling
mus
ekster
pimpelmees
goudvink
roodborstje

'Roodborstjes vind ik het leukst,' zegt oma.
'Ze vliegen zo grappig.

Niet in een rechte lijn, maar een beetje golvend.
Alsof ze een dansje doen.'
Het roodborstje fladdert naar de tuintafel.
'Moet je kijken,' zegt oma.
'Na het landen wipt hij zijn staart omhoog – hoppa!
En hij spreidt vliegensvlug zijn vleugels even uit.'
Dirk-Jan bladert in het vogelboek.
Hij vindt een plaatje van een goudvink.
En daaronder staat een appelvink.
'Sjonges,' zegt oma.
'Ik krijg trek van al die eters in de tuin.
Het is tijd voor de boodschappen.
Waar hebben jullie zin in?'
'Gebakken aardappeltjes met appelmoes,' zegt
Dirk-Jan.
'En een sla-vink,' zegt Jubelientje.
'Of is dat zielig?'

Hoj Dirk-Jan,

Dit is een dierenbrief
  Het gaat zo:

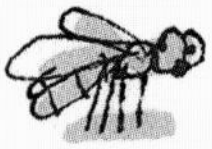

+ tuig = vliegtuig

Ik weet er nog meer.
  Snap jij ze allemaal ?

+ herder = ... herder

+ hok = ... hok

+ bil =

+  =

+  =

+  =

In deze tekeningen zit ook een dier verstopt.

.....huisje

schilders ....

brand.....

postz.....

....apult

-x-x- Jubelientje

uil

Iets nieuws

Jubelientjes bed is een tent.
Ze zit erin.
Alleen en doodstil.
Het lijkt of ze niks doet, maar dat is niet waar.
Jubelientje denkt na.
Ze wil iets nieuws uitvinden.
Iets waar ze beroemd mee wordt.
Een schaar! denkt Jubelientje.
O nee, die is er al.
Ik moet iets anders verzinnen, iets andersoms.
Geen knip-schaar maar een plak-aan-elkaar-schaar.
Een soort lijmstift...
O nee, bestaat ook al.
Je kunt ook iets vastmaken met plakband en een
nietmachine...
Hé, dat is raar.
Een nietmachine bestaat wel, maar een welmachine
bestaat niet.
Wat kan je met een welmachine doen?
'Joehoe,' roept oma onderaan de trap.
'Eten.'
Jubelientje ruikt...

Jammer, denkt ze, pannenkoeken zijn al
uitgevonden.
En koekenpannen ook.
En dropjes, lucifers, brievenbussen, auto's om
branden te blussen, stroop...
Allemaal ouwe dingen.
Ik moet iets uitvinden wat niemand kent.
'Ju-be-lien-tje!' roept oma weer.
'Ze worden koud, kom nou.'
Jubelientje hoort het wel, maar niet echt.
Haar hersens malen: viltstiften – nee!
Fietsbellen – no!
Sokken met streepjes – neuh!

Zwembrillen, fotoboeken – nee-neuh-no-nó-nóó-
nóóó!
'Alles is er al, wat stom!'
Kwaad trekt Jubelientje haar hoed over haar oren.
'Au!'
De rand drukt hard tegen haar ogen.
Ze krijgt de hoed bijna niet af en dan weet ze het
ineens...
'Een schoenlepel voor je hoofd!'
Ze springt uit haar tent en rent de trap af.
'Hè hè,' zegt oma.
'Hoorde je me niet roepen?'
'Jawel, maar ik zat iets uit te vinden.'
'En is het gelukt?'
Ja, knikt Jubelientje.
'Oma, waarmee trek je strakke schoenen aan?'
'Met een schoenlepel,' antwoordt oma.
'Goed,' zegt Jubelientje, 'en...
Ze trekt haar hoed weer omlaag.
'...hoe krijg je een strakke hoed van je hoofd?'
Voordat oma antwoord kan geven, roept ze snel:
'Met een hoedlepel!
Ta-táá...'
Ze gooit haar hoed omhoog.
Die zeilt door de lucht en landt precies op haar bord.

'Goed bedacht, hè?

Jubelientjes hoedlepel.

Ik kom in de krant en op tv.'

'Sjonges,' zegt oma.

'Straks roept iedereen op straat je na: hoedlepel,
hoedlepel...'

'Dan deel ik foto's met handtekeningen uit,' zegt
Jubelientje.

'Maar als ik niet wil dat ze me herkennen dan...

Dan trek ik mijn hoed over mijn hoofd.'

'Slim,' zegt oma.

'Goeie reclame voor je lepel.

Maar kijk goed uit.

Voor je het weet loop je tegen een paal of tegen de
lamp.'

'Ik ben beroemd,' fluistert Jubelientje.

'Wat jammer nou – er is nog niemand die het weet.'

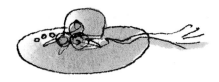

Dubbel lezen

Lelietjes-van-dalen

Oma haalt een kaarsje uit de doos.
'Vandaag is het onze trouwdag,' zegt ze.
'Onze?' vraagt Jubelientje.
'Van opa en mij.
We trouwden op 28 april.'
Oma wijst naar de trouwfoto op het kastje.
Hij zit achter glas in een lijstje van zilver.
'Toen was je nog een meisje,' zegt Jubelientje.
'Een meisje met een lange jurk.
En met een bosje witte bloemen in je hand.'
'Lelietjes-van-dalen,' zegt oma.

'Mijn lievelingsbloemen.

Ze staan nu ook weer in de tuin.

Ik kan haast niet wachten tot ze gaan bloeien.

Als er lelietjes zijn, wordt het weer lekker warm.'

Oma strijkt een lucifer af.

'Mag ik hem aansteken?' vraagt Jubelientje.

Ze houdt het vlammetje bij de kaars.

Voorzichtig gaat het lontje branden.

Jubelientje zet de kaars voor de foto.

'Nu zie je twee lichtjes, oma.

Een echte voor jou.

En een spiegellichtje voor opa in het glas.'

Oma trekt Jubelientje tegen zich aan.

'Dag lieverd,' fluistert ze.

'Praat je tegen mij?' vraagt Jubelientje.

'Tegen opa,' antwoordt oma.

'Hij is al heel lang dood.

Maar ik mis hem nog elke dag.'

'Ook als ik er ben?' vraagt Jubelientje.

'Dan minder,' zegt oma.

'Jij houdt me jong.

Van jou word ik blij.'

'Ja,' zegt Jubelientje.

'Het is maar goed dat ik geboren ben.

Zonder mij was je al véél ouder.'

Het kaarsje brandt een uur en eenenvijftig minuten.

De keukenwekker laat het duidelijk zien.

'Ik pak nóg een kaarsje,' zegt oma.

'Kijken of die net zo lang meegaat.'

Jubelientje knikt.

Maar eigenlijk hoort ze niet wat oma zegt.

In haar hoofd zit een knoop.

Als je leeft, ben je levend.

Als je dood bent, ben je dood.

Maar...

'Oma, hoe heet het als je nog niet geboren bent?'

'Dan eh...

Dat heeft geen naam.

Dan ben je nog niks, want je bent er niet.'

'Maar...'

Jubelientje pakt het doosje lucifers.

'Als je dood bent, ben je er ook niet.

En toch heet je dood.'

'Maar je was er wel,' zegt oma.

'Dan zijn er foto's en ringen en herinneringen.

Dan word je gemist.

Als je nog in de buik van je moeder zit, word je verwacht.

Pas na je geboorte krijg je een naam.'

Oma draait de twee trouwringen aan haar vinger
om en om.
De ene is van haar, de andere was vroeger van opa.
'Het is net als met kussen,' zegt ze.
'Die zitten in je mond.
Ze zijn er wel, maar je ziet ze niet.
Alleen als je ze krijgt of geeft...'
Oma buigt voorover.
Ze drukt een kus op Jubelientjes wang.
Een hele dikke.
En een paar kleintjes.
'Het kriebelt,' zegt Jubelientje.
'Mag ik nu de lucifer én de kaars aansteken?'
'Straks,' antwoordt oma.
'We gaan eerst even naar de tuin.
Bloemen halen.
Misschien bloeit er al een lelietje-van-dalen.'

Koninginnedag

Half zes.
Geen zon te zien.
Geen mens op straat.
'Iedereen slaa-aa-áápt nog,' gaapt Jubelientje.
'Maar de vogels zingen al,' fluistert Dirk-Jan
'En ik weet het begin van een liedje:
Betalen, betalen, lelietjes-van-dalen...'
'Kan dit nog ergens liggen?' vraagt oma.
Ze propt een laatste zak met oude kleren in het
autootje.
Het dak, de stoel naast het stuur, de achterbank:
alles ligt vol met spullen die niet meer nodig zijn.
Ze gaan dit jaar geen spelletjes doen op
Koninginnedag.
Ze gaan naar de vrijmarkt in de stad.
Jubelientje en Dirk-Jan wurmen zich de auto in.
Ze krijgen een emmer met bosjes bloemen op
schoot.
En de picknickmand moet er ook nog bij.
Oma voelt of alles goed vastligt op het dak.
'Ik hoop dat die dubbele knopen het houden.
Wat er af waait zijn we kwijt.'

Ze slaat de deur van de auto dicht en dan gaan ze.
Aan het eind van de straat naar links.
Bij het kruispunt rechtdoor.
Dirk-Jan begint weer te zingen.
'Betalen, betalen, lelietjes-van-dalen.'
Voor het stoplicht heeft Jubelientje regel twee
bedacht:
'Als je geen geld hebt, moet je het gaan halen...'

Op het pleintje zijn nog maar een paar plaatsen vrij.
'Net op tijd,' zegt oma.
Ze stallen alles uit op een oud gordijn.
Knuffels, kopjes, borden en glaasjes.
De laarzen van opa, truien en jurken.
Puzzels en kaarten, een parasol en vaasjes.
Jubelientje zet de bloemen helemaal vooraan.
Op een bordje staat:

lelietjes-van-dalen
50 cent
Meer cent mag ook
iedereen mag het zelf wet
want het is vrij markt en
.x.x.

Er komen meteen mensen kijken.

Een man wijst met zijn wandelstok.

'Wat kost dat koperen bakje?'

'Twee euro,' zegt Jubelientje.

'Twee euro?'

'Drie mag ook,' zegt Dirk-Jan.

'Dan krijgt u er twee bosjes bloemen bij.'

'Betalen, betalen, lelietjes-van-dalen.

Als je geen geld hebt, moet je het gaan halen.

Betalen, betalen, de zon kan niet verdwalen...'

De man haalt drie euro uit zijn zak.

'Die twee redden het wel,' zegt hij tegen oma.

'Reken maar,' antwoordt oma.

'Hier moet je wezen!

Bij ons moet je zijn!

Alles te koop voor een prikkie!'

'Voor een wat?' vraagt Dirk-Jan.

'Voor een prikkie.

Dat betekent: bijna voor niks, niet te duur.'

De lelietjes vliegen weg.

En ze verkopen de laarzen.

De glazen.

Een zak vol kleren.

De portemonnee wordt zwaarder en dikker.

Ze ruilen een strijkplank tegen een gedeukte trompet.

'Mooie spullen,' roept Jubelientje.

'Alles moet weg!

Pf... pf... pfetteretèèt...'

'Is dat grappige hoedje ook te koop?' vraagt een mevrouw.

Jubelientje doet haar hoed snel af.

'Wat kost die?'

'Honderd eh... duizend euro!'

'Tss,' zegt de dame.

'Die raak je in nog geen duizend jaar kwijt.'

Het pak

Het wordt drukker en drukker op de vrijmarkt.
En het gordijn wordt steeds leger.
'Willen jullie even rondkijken?' vraagt oma.
'Misschien vind je nog iets moois om te kopen.'
Jubelientje en Dirk-Jan krijgen allebei...
'Vijf euro?
Wat veel!'
'Omdat het feest is,' zegt oma.
'En omdat jullie zo goed helpen.'
Ze slenteren langs de stalletjes en kleedjes.
Zal ik die racebaan kopen? denkt Jubelientje.
Of die balletschoentjes?
Dan is mijn geld in één keer op, ze kosten precies
vijf euro.
Dat boek van Pluk heb ik al.
En die film van Het zakmes ook.
Dirk-Jan zet een zwarte paardrij-helm op zijn hoofd.
'Past ie?' vraagt een jongen.
'Zit je op les?'
'Bijna,' zegt Dirk-Jan.
'Ik moet nog een beetje zeuren.
Vroeger durfde ik niet op een paard te klimmen.

Nu wel.

Hoeveel kost ie?'

'Die cap kost... tien euro.'

'Zoveel heb ik niet.'

'Hoeveel kun je betalen?' vraagt de jongen.

'Vijf euro... en een bosje bloemen.'

'Paardenbloemen?'

'Echte lelietjes.

En ik zing er ook een liedje bij.'

'Een nieuw liedje,' zegt Jubelientje.
'We hebben het vandaag pas bedacht.'
De jongen kijkt Dirk-Jan even aan.
'Ach, doe maar,' zegt hij dan.
'Ik heb al zoveel verdiend.
Als jullie maar niet gaan jodelen.'
Dirk-Jan legt de euro's in zijn hand.
Met de cap op zijn hoofd rent hij naar oma.
Er ligt nog precies één bosje in de emmer.

Betalen, betalen, lelietjes-van-dalen.
Als je geen geld hebt, moet je het gaan halen.
Betalen, betalen, de zon kan niet verdwalen.
Lelietjes-van-bergen en lelietjes-van-dalen.

Jubelientje loopt naar een kleed met kleren.
Stapels truien en T-shirts.
Rekken vol broeken en rokjes.
Ze bladert er langs tot ze een witte jas ziet hangen.
'De broek hangt eronder,' zegt een meisje.
'Het is een judopak.
En volgens mij precies jouw maat.'
'Judo?
Dat wil ik altijd al.'
Jubelientje trekt het jasje aan.
De broek is lekker wijd.
Haar gympen roetsjen door de pijpen.
'Alles past, nu moet ik alleen nog op les.'
'Wacht maar,' zegt het meisje.
Ze pakt Jubelientje beet.
Rolt achterover.
Steekt één been omhoog.
En voor Jubelientje weet wat er gebeurt...
...maakt ze een salto door de lucht.

Jubelientje landt precies op een stapel truien.

'Hoe... hoe deed je dat?'

'Dat leer je vanzelf,' zegt het meisje.

Ze helpt Jubelientje met opstaan.

'Vond je het eng?'

'Helemaal niet!

Ik ga het met mijn oma proberen.

Is dat pak duur?'

Het meisje denkt even na.

'Ik heb het van mijn zusje gekregen.

En eh...

Er zit geen band bij om het jasje dicht te knopen.

Hoe heet jij?'

'Jubelientje.'

'Jube-lientje, echt waar?'

Ja, knikt Jubelientje.

'Als je twee letters verandert, heet je Judo-lientje.

Dat pak hoort bij jou!

Je krijgt het voor niks!

Judolientje...

Ik wou dat ik zo heette.'

Jubelientje krijgt het helemaal warm.

Allemaal dingen gratis.

Een nieuw pak én een nieuwe naam.

Een trompet en ook nog vijf euro om
balletschoenen te kopen.
Ze rent naar oma met het judopak aan.
'Kijk eens.
Gekregen!
Er moet alleen nog een riem bij.'
'Een riem?' zegt oma.
'O, een band.
Ik heb hier nog oranje lint.
Maak maar een mooie grote strik.'

Het veulen

'Oma, weet jij wat jodelen is?'
'Dat is een soort zingen.
Lekker hoog en hel: *jodela-hi-ho, jodela-hi-hee...*'
'Sst,' sist Jubelientje.
'Niet zo hard!' roept Dirk-Jan.
'Je breekt mijn oren.'
'Iedereen mag het horen,' zegt oma.
'Het voorjaar maakt me blij.
Verse aardbeien en asperges.
Kleine eendjes in de sloot.
Huppelende lammetjes
in de wei.

En op de boerderij...

Nou ja, dat zul je wel zien.

Jodela-di-lo-di-la-die-lei...'

Met frisse stappen loopt ze het erf op.

Ze vergeet zelfs dat ze eigenlijk bang is voor de hond.

De boer komt de paardenstal uit.

Hij houdt zijn wijsvinger voor zijn mond.

'Sssst...'

Oma slikt het eind van haar jodel in.

'O sorry.

Ik dacht: het ei zal nu wel gelegd zijn.'

'Welk ei?' vraagt Jubelientje.

'Jannie krijgt bijna een veulen,' fluistert de boer.

'Als je heel stil bent, mag je komen kijken.'

Hij houdt de deur op een kier.

Jubelientje hoort zacht gehinnik.

Als eerste glipt ze de stal in.

Ze moet even aan het schemerlicht wennen.

Dan ziet ze Jannie liggen.

In het stro.

Op haar zij.

De buik van het paard lijkt wel een berg.

'Kom maar naast me zitten,' zegt de boer.

'Ieder aan een kant.'

Jubelientje en Dirk-Jan klimmen op de baal stro.

'Jannie is veel te dik,' fluistert Dirk-Jan.

'Straks ontploft ze.'

'Ik hoop het niet,' zegt de boer.

'Ze is al een tijd aan het persen.'

Jannie briest zacht.

Af en toe tilt ze haar hoofd een stukje op.

Haar buik beweegt op en neer.

Op.

En neer...

Ze zweet en hijgt.

Haar vacht wordt donker en nat.

Jubelientje hoort ineens water stromen.

En dan...

...dan verschijnen er twee pootjes onder de staart.

Een hoofd.

Een lijf.

Jannie perst nog even door...

En het hele veulen glijdt naar buiten.

Het ademt.

Het beweegt.

Langzaam komt Jannie overeind.

Ze draait zich om.

Ze snuffelt en likt aan haar kind.

'Wat mooi,' fluistert Jubelientje.

'Het lijkt wel een film.'

'Hi hi hi...' hinnikt Jannie.

Het is net alsof ze van blijdschap lacht.

'Hí híí hííí híííí...'

Het klinkt hoog en schel.

'Ze roept het de wereld in,' zegt oma.

'Hi hi hi, ik heb een kind!

Ik zou wel met haar mee willen doen – '

Jubelientje houdt snel een hand voor oma's mond.

'Niet jodelen!' sist ze.

'Dan schrikt het veulen zich dood.

En dan slaat Jannie op hol.'

Rajan

Het is stil in de stal.

En warm.

Het stro prikt in Jubelientjes benen.

Maar ze merkt het niet.

Ze vindt het veulen zo mooi.

Zijn grote ogen.

Zijn natte vacht.

'Wat is dat?' vraagt Dirk-Jan.

Er hangt een lange sliert aan Jannies kont.

Een glibberig ding tot op de grond.

'Het lijkt wel een gescheurde ballon.'

'Zoiets is het ook,' zegt de boer.

'Het is een soort vel, een vlies.

Het zat vol water en daar dobberde het veulen in.

In Jannies buik, elf maanden lang.

Vlak voor de geboorte is die ballon gescheurd.'

'Dat heb ik gehoord,' zegt Jubelientje.

'Ik hoorde water stromen.

Alsof er een kraantje openging.'

'Geluksvogels,' zegt de boer.

'De geboorte van een veulen maak je bijna nooit mee.

Meestal gebeurt het 's nachts.
Of als je net de stal uit bent.
Maar Jannie is een speciaal geval.
De vorige keer was ik er ook bij.
Ze houdt van gezelschap.'
Het veulen tilt zijn hoofd op.
Het zet zich schrap.
Leunt op een voorbeen.
En nog een.
Het strekt zijn achterbenen.
En dan komt het wankelend omhoog en...
Hij staat!
Héél even.

Dan knikken de beentjes weer door en valt hij om.

Maar meteen daarna probeert hij het nog eens.

'Wat een dapper beestje,' zegt oma.

'Gelukkig is het een hengst,' zegt de boer.

'Want ik heb alleen een jongensnaam bedacht.'

'Noem hem maar Horse,' zegt Jubelientje.

'Dat is Engels voor paard.

Of Evert of Arie...'

'Of Dirk-Jan,' zegt Dirk-Jan.

De boer loopt naar het hek.

Hij raakt het veulen voorzichtig aan.

Het diertje schrikt van de hand.

Zijn vel rilt.

'Rustig maar paardje.

Je vader heet Ran.

Je moeder heet Jannie.

En daarom noem ik jou... Rajan!'

Dirk-Jan begint helemaal te glimmen.

'Ra-jan?

Dat is bijna Dirk-Jan.

Mag ik op hem rijden?'

'Over een jaar of drie,' zegt de boer.

'Dan pas is Rajan sterk genoeg.

Maar in de tussentijd kun je op Jannie oefenen.'

'Ik ook?' vraagt Jubelientje.

'Natuurlijk.
Als je maar een helm opzet.'
'En mag oma dan een keer achterop?'
'Van mij wel,' zegt de boer, 'goed idee.'
Hí hí hí hí...
'Sjonges,' zegt oma, 'hoor je dat?
Ik zou best achterop willen.
Maar volgens mij hinnikt Jannie níí-néé-néé-néé!'

Dag Jubelientje,

dit is een zoekbrief.

In mijn naam zitten kleine
        woorden verstopt.

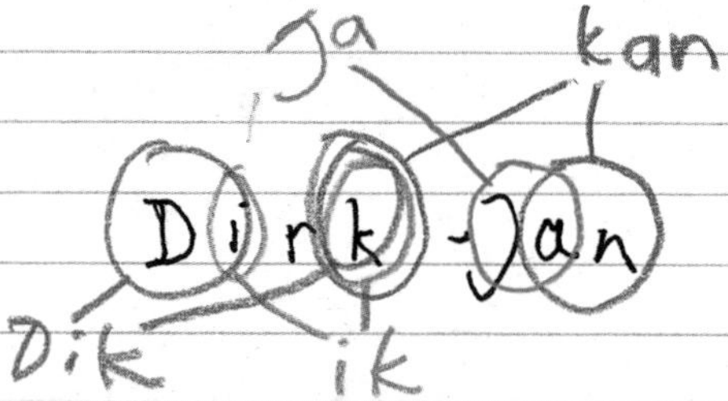

Ja   kan

Dirk-Jan

Dik   ik

In jouw naam zitten
        ook woorden.

Ik heb er zeven opgeschreven.

Maar er zijn er nog veel meer.

Jubelientje — bel

Jubelientje — been — een

Jubelientje — netje

Jubelientje — ~~bet~~ bil

Jubelientje

Jubelientje

Jubelientje

van de Dirk-Jan

Naar judo

Jubelientje rent de trap op.
Linksaf is de kleedkamer.
Maar daar gaat ze niet heen, want ze heeft haar
judopak al aan.
'Aan het eind van de gang is de dojo,' zegt oma.
'De wat?'
'De dojo, de zaal voor de judoles.'
Jubelientje duwt de deur open.
'Dag,' zegt een mevrouw in een blauw judopak.
'Kom jij vandaag op proef?
Ik ben de juf.'
'En ik ben Jubelientje.
Leer ik de houdgreep vandaag en de voetveeg?
En dat ik achterover rol met mijn been omhoog en
dat iemand anders dan door de lucht vliegt...'

'Dat duurt nog even,' zegt de juf.
'Eerst moet je goed leren vallen.'
'Kan ik al,' zegt Jubelientje.
Ze laat zich als een pudding op de grond ploffen.
De vloer van de dojo is een soort plastic matras.
Het veert lekker mee.

Er zijn nog elf kinderen.
Zeven jongens en vier meisjes.
'Ga maar naast elkaar staan,' zegt juf judo.
Ze doet haar handen langs haar zij en dan buigt ze.
En de hele rij buigt terug.
'We beginnen met wat rondjes voor de conditie.
Met de klok mee, één, twee, drie...'
Achter elkaar rennen de kinderen de zaal rond.
Jubelientje loopt helemaal achteraan in het begin.
Maar na drie rondjes is ze iedereen voorbij.
'Rustig aan,' zegt juf judo.
'Het is geen wedstrijd.
En niet de hoeken afsnijden.'
Na zes rondjes wil Jubelientje stoppen.
Rennen kan ze al.
Ze wil judoles.
Maar ze mogen pas stoppen bij tien.

'We gaan twee aan twee oefenen,' zegt juf judo.
Tegenover Jubelientje staat een klein meisje.
Ze heeft geen witte maar een gele band.
Makkie, denkt Jubelientje.
Die kan ik zo over de kop laten vliegen.
Juf judo roept het meisje bij zich.
'Paulien, ga even op handen en knieën zitten.
Dan doe ik de oefening voor.'
Paulien duikt ineen op de mat.
'We beginnen met vallen,' zegt juf judo.
'Niet zomaar flatsj...'
Ze kijkt even naar Jubelientje.
'...maar netjes achterover.'

Juf judo loopt naar achteren tot haar hakken Paulien
bijna raken.
Ze zakt ietsje door haar knieën...
En dan maakt ze een koprol achteruit over de rug
van Paulien heen.
Heel soepel.
Bij het neerkomen slaat ze met haar rechterarm op
de mat – patsj!
'Zo doe je dat.
Ik laat het nog een keer zien en dan jullie.'

Jubelientje loopt naar Paulien toe.
Draait zich om.
Buigt een beetje naar achteren.
En dan gooit ze zichzelf achterover.
Het zag er zo makkelijk uit, die koprol.
Maar het valt een beetje tegen.
Jubelientje landt plat op haar rug.
Patsj!
'Het geluid was goed,' zegt juf judo.
'Ik zal het nog eens voordoen.'
Na een tijdje mogen ze wisselen.
Paulien duikelt als een vlo over Jubelientjes rug.
Patsj heen, patsj terug.
'Wat goed!' zegt Jubelientje.

'Niks aan,' zegt Paulien.
'Ik zit er al een jaar op en de juf is mijn moeder.
Ik heb de gele band, dat is hoger dan wit.'
'O ja?'
Jubelientje wijst naar de strik op haar eigen buik.
'En oranje?'
'Oranje komt pas na geel en zwart is het hoogst.
Maar dat leer je nog wel.'
Jubelientje gaat een beetje dichter bij Paulien staan.
'Jij bent lekker licht.
Mag ik een keer met jou gooien?'
'Probeer maar.'
Jubelientje pakt Paulien bij haar schouders.
Ze zakt ietsje achterover...
Maar dan doet Paulien ineens een stap naar voren.
En ze veegt Jubelientjes benen opzij.
Patsj!
'Je gooit me op de grond!' roept Jubelientje.
'Dat is vals!'
'Niet waar,' zegt Paulien, 'dat is judo.'

Aan het eind van de les wacht oma bij de deur van
de dojo.
'En?' vraagt ze.
'Volgende week weer?'

'Ik weet nog niet,' zegt Jubelientje.

'Ik wil ook nog op proef bij ballet en trompet.

En bij hoogspringen en toneel.

En paardrijden met Dirk-Jan...'

'En tennis?' vraagt oma.

'Of pingpong?'

'Kan ook,' zegt Jubelientje.

'Ik vind alles wel leuk!'

'Sjonges,' zegt oma.

'Dat wordt lastig kiezen.

Je moet er nog maar eens goed over denken.'

'O ja,' roept Jubelientje.

'Denksport, dat bestaat ook.'

Potje dammen

Oma doet de deur van de oven open.
De geur van appeltaart waait door het huis.
Met een breinaald prikt ze in de taart.
Jubelientje is in de kamer.
Ze zet het dambord op tafel.
'Zwart, oma?' roept Jubelientje.

'Gelukkig niet,' antwoordt oma.
'De taart heeft een prachtig bruin korstje.
Nog een paar minuten en dan is hij gaar.'
'Ik bedoel,' roept Jubelientje, 'welke kleur?
De witte of de zwarte damschijven?'
'Maakt niet uit,' zegt oma, 'ik verlies toch.'

'Tot nu toe heb jij alle potjes gewonnen.'

'Het staat pas 39-0,' zegt Jubelientje.

'Je kunt me nog inhalen, misschien...'

'Ach,' zegt oma, 'de een is hoogbegaafd in taarten bakken.

De ander kan goed dammen.

Ik kan gelukkig heel goed tegen mijn verlies.'

Dat komt mooi uit, denkt Jubelientje.

Ik kan heel goed tegen winnen.

'Let op,' zegt Jubelientje.

Ze pakt een zwarte damschijf en slaat een witte van oma.

En nog een en nog een – ze slalomt over het bord.

Vooruit en achteruit, naar links en naar rechts...

'Ho ho!' roept oma, 'sla niet zo door!'

Maar Jubelientje gaat verder en in één keer is oma zeven schijven kwijt.

'Oei,' zegt oma, 'wat een kaalslag.

Ik heb er nog maar eentje over.'

Bijna, denkt Jubelientje, bijna 40-0!

'Jij bent, oma.'

'Weet ik, maar ik probeer een list te verzinnen.

Op de een of andere manier moet ik toch ook kunnen winnen...'

Ineens schuift oma haar stoel naar achteren.

'Geef je het op?' vraagt Jubelientje.

'Nee nee, ik wil me alleen even goed voorbereiden op mijn laatste zet.

Eén moment...'

Oma gaat naar de keuken.

Ze legt de appeltaart op een schaal.

Pakt de bus poedersuiker.

Strooit...

De taart verdwijnt onder een witte wolk.

Met de schaal in haar handen loopt oma naar de kamer en ze zet hem...

'Niet op het dambord!' roept Jubelientje.

'Juist wel,' zegt oma.

'Tegen deze witte superschijf kan niemand op.'

'Maar ik had bijna gewon –

Voorzichtig!

Alles verschuift!'

'Geeft niks,' zegt oma.

'Wil je proeven of niet?'

Ze pakt het taartmes en snijdt twee flinke stukken af.

'Mmmm,' zegt Jubelientje, 'de taart is nog warm.'

'Heerlijk,' zegt oma.

'Eén punt voor jou en één punt voor mij.

Nu staat het 40-1.'

Zonder zadel

69

70

Als ik water was

Jubelientje knipt het licht in de gang aan.
Ze sloft naar de trap.
'Pff... wat hoog.
Dat haal ik nooit.'
Haar benen lijken stenen.
De trap is een reusachtige berg.
'Schiet eens op,' zegt oma.
'Maar ik ben zo moe,' zegt Jubelientje.
'Mag ik op de bank slapen, in de kamer?'
'Kom kom, even doorbijten.'
Oma geeft een klein duwtje.
Jubelientje pakt de leuning vast en hijst zich op de
eerste tree.
En dan gaat ze zitten.
'Ik kan niet meer lopen, ik wil op je rug.'
'Dat zou ik ook wel willen,' zegt oma.
'Wil jij mij niet dragen?'
'Neuh...' kreunt Jubelientje, 'dan breek ik.
Ik zit eigenlijk wel lekker hier.
Pak jij mijn dekbed en mijn kussen?'
'Ja ja,' zegt oma, 'en dan middenin de nacht omlaag
stuiteren.'

Jubelientje knijpt haar ogen dicht.

'Weet je wat ik wou?

Ik wou dat ik water was.

Dan stroomde ik, dan hoefde ik niet te lopen.'

'Mm,' zegt oma, 'dat klinkt mooi.

Maar dan kwam je nooit in je slaapkamer aan.'

'Waarom niet?'

'Water stroomt naar beneden, nooit omhoog.

Het valt uit de douche en de kraan, of in de wc.

Dan spoel je door het riool.

Drijf je tussen de drollen.

Lijkt me niet zo'n fris idee.'

'Maar ik bedoel het water van een rivier,' zegt
Jubelientje.
Ze ziet zichzelf als een druppeltje drijven.
Van de bergen naar de zee.
'In de zomer is het misschien wel lekker,' zegt oma.
'Koeien in de wei, heerlijk zonnetje erbij.
Maar als het winter wordt, wat dan?'
Het water in Jubelientjes hoofd bevriest.
De rivier verandert in steenhard ijs.
Ze slaat haar armen om oma's nek en trekt zich op.
'We doen gewoon dat ik een glaasje water was.
Een piepklein glaasje.
Dat kan je toch wel dragen?'
'Vooruit dan maar,' zegt oma.
'Ik mieter eh... ik gieter je zo in bed.'

De eenden

De vijver zit vol eenden.
'Wat zielig!' roept Jubelientje.
'Die ene eend springt bovenop die andere.
Hij gaat helemaal koppie-onder.
Hij verdrinkt!'
'Zíj,' zegt oma.
'Die onderste eend is een vrouwtje.
En de bovenste een mannetje, een woerd.'
'Hoe weet je dat?'
'Een woerd heeft een krulletje in zijn staart.
Hij walst gewoon over haar heen.
Hij wil vrijen.'
De woerd klimt op de rug van het vrouwtje.
Ze kan hem niet houden en verdwijnt onder water...
Even duikt ze weer op... en neer...
Net als Jubelientje denkt dat de eend is gestikt,
glijdt de woerd van haar af.
Hij schudt zijn veren en zwemt weg.
De vrouwtjeseend komt snaterend boven.
Ze hapt wat in het kroos, eventjes rust.
Maar niet voor lang.
Een andere woerd komt op haar af gezwommen.

Het vrouwtje zigzagt zenuwachtig door de vijver.
De woerd versnelt ineens en duikt bovenop haar.
Ze kleppert wild met haar vleugels.
Is wel te zien.
Is niet te zien.
De spetters vliegen in het rond.
'Wat gemeen!' roept Dirk-Jan.
'En die woerd daar doet het ook.
En die!
En die...
Als ik onder lag, ging ik bijten.'
'Kan niet,' zegt Jubelientje, 'ze hebben geen tanden.

Ik zou wegvliegen.
Waarom doen die vrouwtjes dat niet?'
'Ik snap het niet,' zegt oma, 'maar zij zijn het gewend.
Strooi maar vlug wat brood.
Dat leidt de aandacht even af.'
Jubelientje pakt de zak gesneden boterhammen.
'Poele poele poele poele...'
Als de stukjes in het water vallen, vergeten de
eenden elkaar.
Ze stormen op de stukjes brood af.
Sommige rennen bijna over het water.
Kletsj klatsj kletsj klatsj...
Het is een grappig geluid.
'Afblijven jij!' roept Dirk-Jan tegen een woerd.
'Dit is brood voor de vrouwtjes.'
Hij probeert de eenden te tellen.
Het lukt niet, ze zwemmen steeds door elkaar.
'De meeste hebben een krul in hun staart.
Het zijn bijna allemaal mannetjes.'
De eenden laten elkaar met rust zolang Dirk-Jan en
Jubelientje voeren.
Maar als het brood op is, beginnen de woerden weer
op de vrouwtjes te jagen.
Die zwemmen wel weg, maar niet hard genoeg.
De een na de ander wordt koppie-onder geduwd.

'Dat bruine eendje wordt vermoord!' roept
Jubelientje.
'Ik pak een steen, ik gooi die woerd eraf.'
'Kun je proberen,' zegt oma.
'Maar als je per ongeluk háár raakt...
Hé, wat ga je doen, blijf hier!'
Maar Jubelientje heeft haar gympen en sokken al uit.
Ze stapt het water in.
Haar voeten glibberen weg in de modder.
Ze wil de vrouwtjes gaan helpen, maar...
Roetsj roetsj...
Kwak kwak kwak kwaak kwáák!
Alle eenden vluchten naar het midden van de vijver.
'Daar is het diep,' zegt oma.
'Kom maar gauw terug.
Je krijgt ze toch niet te pakken.'
Jubelientje klimt tegen de kant op.
Haar voeten zijn zwart met groene stippen.
Ze stinken, maar ze merkt het niet.
Jubelientje telt...
'...veertien, vijftien, zestien eenden zonder krul.
En tien... twintig... dertig...
Misschien wel veertig mannetjes.
We moeten iets doen, er zijn veel te veel woerden.
Alle vrouwtjes verdrinken als we niet helpen.'

'Een red-de-eenden-uit-de-vijver-actie,' zegt oma.

'Maar hoe?'

'Met pijl en boog,' zegt Dirk-Jan.

'Met een brief,' zegt Jubelientje.

'Een brief aan burgemeester Kozijn.'

'Laten we maar met een brief beginnen,' zegt oma.

'De burgemeester is er voor de mensen en de dieren.

Ik hoop dat hij een oplossing weet.

En Jubelientje...'

Oma haalt een zakdoek uit haar tas.

'...voordat jij je sokken aantrekt:

veeg eerst je voeten even schoon.'

Beste burgemeester Kozijn,

U bent de baas van de vijver.
Daar wonen 16 vrouwtjes eenden
en veeeel meer mannetjes.
Misschien wel honderd.
Die heten allemaal woerd en dat is erg.
Ze gaan op de vrouwtjes zitten
en die verdrinken dan bijna.
Vangt u de mannetjes met een groot net
Breng ze maar naar de polder.
Dat kan met een tooi in een auto.
Evenveel vadertjes en moedertjes
is het best.
Dirk-Jan en ik willen de vrouwtjes
eenden-judo leren.
Maar ik weet wij weten nog niet hoe
dat moet onder water.

x.x. Jubelientje en

de Dirk-Jan

DE GEMEENTE

Onderwerp: Wilde eenden
Brief nummer WK/06-22090

Beste Jubelientje en Dirk-Jan,

Dank je wel voor jullie brief. Ik begrijp dat jullie
je zorgen maken over de vrouwtjes eenden. We kunnen
de mannetjes wel vangen en wegbrengen, maar dat
helpt niet: ze vliegen weer terug.

Eenden zijn wilde dieren. Ze scharrelen zelf hun
eten bij elkaar. Maar als iedereen brood voert,
hoeven de eenden niet meer naar voedsel te zoeken.
Dan houden ze tijd over. Uit verveling vallen de
woerden de vrouwtjes dan lastig.

Hoe kunnen we de eenden in de vijver helpen?
1. De mensen moeten alleen een beetje brood voeren
als er ijs ligt. De rest van het jaar is dat niet
nodig!
2. De gemeente zal bordjes plaatsen waarop staat:
EENDEN NIET VOEREN A.U.B.
3. In de winter, als de eenden bijgevoerd mogen
worden, halen we de bordjes tijdelijk weg.

Ik ben benieuwd of het jullie lukt om de eenden judo
te leren. Heel bijzonder zou dat zijn. Dan worden
jullie beroemd. Veel succes met trainen!

Vriendelijke groeten,

Burgemeester W.J. Kozijn

Op jacht

Oma pakt een zakdoek uit haar tas.

'Stil blijven staan,' fluistert ze.

'Anders jagen we ze weg.

Há... háá...'

'Niet niezen!' sist Jubelientje.

Ze zijn op wilde-beesten-jacht.

Niet met een geweer, maar met hun ogen.

Twee eekhoorntjes rennen achter elkaar aan.

Ze hupsen over de grond...

Over een tak...

En dan klimmen ze steil omhoog een boom in.

Hun nagels krassen kratsj-kratsj-kratsj over de schors.

Ie-jauw, ie-jauw...

'Een roofvogel,' zegt oma, 'een jagende buizerd.

Muizen, jonge konijnen, hij lust ze rauw.'

'En eekhoorntjes?' vraagt Jubelientje.

'Eet hij ook,' zegt oma.

'Maar gelukkig zijn eekhoorns lekker snel.

Ik ha... há...'

Oma drukt de zakdoek snel tegen haar neus.

'Gelukkig, net op tijd.

Ik moest alweer bijna niezen.'

De buizerd cirkelt boven de bomen en dan zweeft hij verder.

Ie-jauw, ie-jauw, ie-jauw...

Jubelientje huppelt naar het bruggetje.

Midden op blijft ze staan.

In de verte dobbert een zwanenfamilie.

Dichterbij bouwen twee waterhoentjes een nest.

'Even doorlopen,' zegt oma, 'straks is het donker.

We zijn gekomen voor de hertjes.

Ik zag ze laatst aan de rand van het weiland.'

Jubelientje loopt langs de boom met zeven armen.

Langs de rododendrons en...

Ineens blijft ze staan.

Geritsel!

Nog meer spelende eekhoorntjes, denkt ze.

Ze kijkt naar links.

En daar, een eind van het pad af...

'Jonge hondjes!

Zomaar middenin het bos.'

Oma legt een vinger op Jubelientjes mond en wijst.

Naast de spelende jonkies zit een moedertje op wacht.

Ze kijkt hun kant op – snuit vooruit, oren omhoog.

'Geen honden, maar vossen,' fluistert oma.

'Wat prachtig.'

De vosjes rollebollen over elkaar heen in de
avondzon.
Af en toe verdwijnen er een paar in een hol en even
later duiken ze weer op.
'Vijf jonkies,' fluistert oma.
'Dat heb ik nog nooit gezie... zha... HA...
HATSJOE!'
Als bliksemflitsen schieten de vossen het hol in.
De grote en de kleine: weg!
'Wat jammer!' roept Jubelientje.
'Sorry,' zegt oma, 'ik kon er niets aan doen.
Misschien komen ze zo weer tevoorschijn.'
Ze verstoppen zich achter een boom en wachten.

Eén minuut.

Twee minuten.

Drie...

Jubelientje tuurt naar het hol.

Naar de verte.

Naar de grond.

'Kijk eens, oma, een naaktslak.

Zal ik hem optillen?'

'Kan je doen,' zegt oma.

'Maar misschien heeft hij wel hoogtevrees.'

Jubelientje knielt op de grond.

De slak glijdt langzaam verder.

Hij laat een spoor van slijm achter zich.

Het lijkt wel zilver.

'Slakkensnot,' zegt Jubelientje.

'Die naaktslak is ook verkouden.

Waarom heet hij eigenlijk niet gewoon *slak*?

Je zegt toch ook niet *naaktkip* of *naaktpaard*?'
'Omdat je ook slakken met huisjes hebt,' antwoordt
oma.
'De huisjesslak.
Maar kom, de zon is al onder.
Het is tijd om te vertrekken.'
'Nog even,' zegt Jubelientje, 'de vosjes...'
'Volgens mij liggen die al veilig te slapen,' zegt oma.
'Morgenavond gaan we weer naar het bos.
Dan zien we misschien ook de hertjes.'
Jubelientje buigt zich over de slak heen.
'Hé slijmbal,' fluistert ze.
'Hou jij hier vannacht de wacht?
Niet hard weglopen, hoor.
Morgen neem ik een doos voor je mee.
Dan heb jij ook een huis.'

Hoj Dirk-Jan,

Dit is een achterstevoren brief
Ik zag veel dieren vandaag
Snap je het ?= ?teh ej panS

Ik zag:

sou 1

sejsou 5

shroohkee 2

kalstons ekkid nee

neppik lov koh nee

tak edor 1

heieok ~~oek~~

nereim leev

sejtemmal negen + nepahcs 7
sejtnaawz 6 + nenawz 2
neznag 4 ~~rieu~~
sejtneohretaw
dreziub nee
sejtreh neeg
najaR ne einnaJ
otoJ nee po paa Hee

nav sejteorg
ejtneilebuJ .x.x

Dromenland

Jubelientje trekt de lakens strak.

'Ik ben een brief,' zegt ze.

'En mijn bed is een envelop.

Ik kruip erin zonder kreukels.'

Ze steekt haar benen onder de lakens en glijdt omlaag.

Heel voorzichtig, tot ze kaarsrecht ligt.

'Geen ribbeltje te zien,' zegt oma.

'Je lijkt wel een plank.

Ik zal de envelop nog even dichtplakken...'

Ze buigt voorover en geeft een lik.

'Hè hó...'

Jubelientje trekt haar hoofd opzij voordat oma bij haar andere wang is.

'...dat kriebelt.'

'Geeft niks,' zegt oma.

'Nu kun je tenminste veilig met de post mee.

Naar slaapstad in dromenland.'

'Bestaat dat echt?' vraagt Jubelientje.

'Dat weet je toch,' zegt oma.

'Het is een fantastisch land.

Het enige in de wereld waar iedereen in mag.

Niemand speelt er de baas.
Alles wordt er eerlijk verdeeld en voor iedereen is plaats.'
Jubelientje wijst naar de wereldbol op de kast.
'Waar ligt het precies, bij Afrika of bij Nederland?'
'Steeds ergens anders,' zegt oma, 'kijk...'
Ze duwt met haar hand een kuil in het kussen.
Als oma haar hand optilt, verdwijnt de kuil en trekt het
kussen weer glad.
'Zo zie je het en zo is het weg.
Met dromenland is dat net zo.
Het staat op geen enkele kaart.
En toch kan je de weg erheen makkelijk vinden.
Met je ogen dicht, 's nachts in je slaap.
Een land om van te dromen.
Soms galoppeert er alleen iets rond waar je van schrikt...'

'Wat dan?'

'Een woest paard, een nachtmerrie.

Als die je lastigvalt, moet je snel je ogen opendoen.

Zijn je boze dromen meteen verdwenen.'

Oma knipt het licht uit.

'Kom je nog even bij me liggen?' vraagt Jubelientje.

'Samen naar dromenland is leuker.

Misschien verdwaal ik wel.'

'Welnee,' antwoordt oma.

'Gewoon rechtdoor slapen, dan kom je er vanzelf.

Als ik bij jou kruip, komen er allemaal kreukels in je envelop.'

Jubelientje schuift naar de muur.

'Heel héél héééél even...'

'Ach, vooruit dan,' zegt oma.

'Maar ik wil nog wel mijn boek uitlezen.

Ik breng je tot de grens en dan zoek ik mijn leesbril op.'

Oma schopt haar sloffen uit.

Ze gaat naast Jubelientje liggen.

'Nog even het adres,' zegt ze.

'Anders kom je vannacht niet aan.'

Oma's vinger kriebelt over Jubelientjes buik.

D-r-o-m-e-n-l-a-n-d, schrijft ze.

En dan drukt ze twee kusjes op Jubelientjes ogen.

'Dat zijn de postzegels.

Ik zal ze ook nog even stempelen.'
Jubelientje krijgt nog twee kusjes.
'Welterusten brief, goede reis.'
'Welterusten oma, dag...'
Jubelientje ligt op haar zij.
Ze hoort oma ademen.
Steeds rustiger.
Steeds dieper.
Haar ogen beginnen te knipperen en te knijpen.
Zachtjes vallen ze dicht en dan gaan ze samen op
reis naar het land waar alles kan en alles mag.

Wild?

Hoe moet een boek heten? Dat vind ik vaak een lastige vraag. Terwijl ik schrijf, bedenk ik soms wel twintig titels. Als het boek af is, streep ik de stomste titels weg. Tot er eentje overblijft die precies bij de verhalen past. Soms kras ik ze alle twintig door. Dan moet ik iets beters bedenken.

Bij dit boek ging het anders. Voordat ik één letter schreef, wist ik al hoe het ging heten: Jubelientje wordt wild. Twee woorden die met een w beginnen, dat vond ik mooi klinken. En ik zag het helemaal voor me: Jubelientje zou op judo gaan. Ze werd kampioen!

Maar: Jubelientje weigerde. Ik schrijf de verhalen dan wel op, maar haar wil is wet. Ze wilde niet wild worden op judo. Jubelientje werd liever een sloom wild beest uit de dierentuin. Gelukkig toch nog iets wilds, dacht ik. Dan hoef ik geen nieuwe titel te verzinnen...

Hans Hagen

www.hanshagen.nl
www.philiphopman.nl

Boeken van Hans Hagen en Philip Hopman